하루 10분
영어 필사
긍정의 한 줄

Positive
Quotations
40 *days*

작은 습관이 만드는 대단한 영어 실력

하루 10분
영어 필사
긍정의 한줄

오석태 지음

로그인

머리말

세상은 긍정모드로만 돌아가지 않습니다. 오히려 이 세상에는 긍정모드를 방해하는 바이러스로 득실거리지요. 하지만 긍정은 일당백입니다. 긍정 한 방이면 주변의 바이러스는 순식간에 초토화됩니다. 인간은 그렇게 만들어져 있습니다. 그래서 우리의 정신을 긍정모드에 맞추어서 스스로 잘 조정하는 것이 무엇보다 중요합니다.

대한민국 국민들의 화두에 오랫동안 오르는 것 중 하나가 영어입니다. 영어를 잘하기 위해서라면 어떤 방법도 불사하겠다는 것이 그동안 우리 국민들의 정서였습니다. 그러면서 늘 우리는 나이를 불문하고 기초영어에 매달려 왔습니다. '기초'에 대한 이해가 절대적으로 부족한 상태에서 자신에게 어울리지도 않는 기초의 옷을 색색별로, 모양별로 입어왔습니다.

우리의 발목을 붙들어 왔던 영어를 긍정모드로 익혀 보면 어떨까요? 내 나이에 맞는 영어, 나의 인격에 맞는 영어, 나의 지적 수준에 맞는 영어, 그런 영어가 영어학습의 출발점이어야 합니다. 내 나이에 맞는 긍정, 나의 인격에 맞는 긍정, 나의 지적 수준에 맞는 긍정, 그런 긍정이 긍정모드의 출발점이어야 합니다.

그런 바람으로 긍정의 한 줄을 필사하며 기초영어를 익히는 《하루 10분 영어 필사 긍정의 한 줄》을 집필했습니다.

40일 영어긍정모드 훈련을 시작합니다. 서두르지 마세요. 하루의 훈련량을 하루에 다 마무리 지어야 한다는 강박관념은 버리세요. 자신에게 물리적으로 주어진 시간과 정신적으로 허용하는 시간을 잘 판단해서 하루치 훈련량을 정하세요. 하루치를 몇 번이고 보고 또 봐도 좋습니다. 그래서 하루치 내용으로 일주일 내내 훈련해도 좋습니다. 단, 멈추지는 마세요. 멈추는 것은 긍정적인 삶을 포기하는 것이고 기껏 손에 쥔 몸에 딱 맞는 영어의 옷을 찢어버리는 꼴입니다.

세상은 준비된 자를 중심으로 움직입니다. 준비에 정해진 틀은 없습니다. 자기식대로의 준비가 필요합니다. 긍정모드로의 전환, 내 몸에 맞는 기초영어로의 전환, 그것이 여러분의 미래에 아주 작지만 탄탄한 초석이 될 것입니다. 믿고 일어서세요. 양다리에 힘을 주세요. 불안하다고 생각했던 발판이 어느새 믿음직한 발판이 되어 있음을 느끼게 될 겁니다. 세상은 여러분을 향해 열려 있습니다.

저자 오석태

이 책의 활용법

8주 동안 월, 화, 수, 목, 금, 하루 10분씩만 영어 공부에 투자하세요.
본문의 모든 표현은 MP3 음원이 제공되어 듣고 말하는 연습도 할 수 있습니다.

STEP 1
today's quotation
오늘의 한 줄을 한번 훑어봅니다.

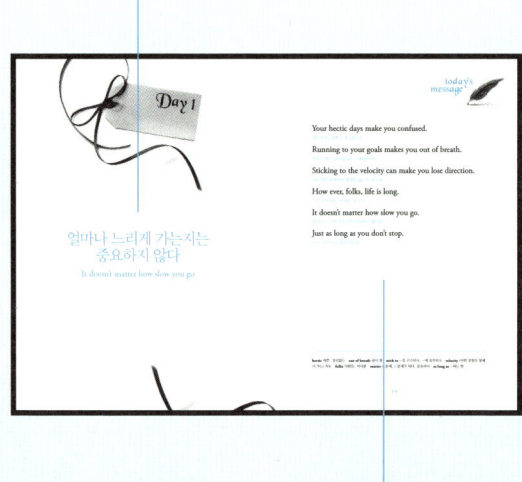

STEP 2
today's message
마음에 위로와 평안을 주는 긍정의 메시지를
MP3 음원을 들으면서
한 문장씩 읽고 말해 보세요.

STEP 3
오늘의 한 줄 필사

필사 페이지에 오늘의 한 줄을 필사하면서 암기합니다.

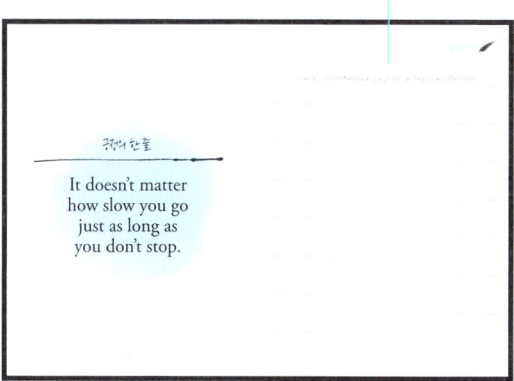

STEP 4
today's pattern

하루에 패턴 1개씩, 8주 동안 40개 패턴을 학습할 수 있습니다.
읽고, 듣고, 따라 말해 보세요.

STEP 6
패턴과 주요 표현 필사

오늘 배운 패턴과 표현을 그대로 따라 쓰면서 암기하거나, 응용해서 나만의 문장을 만드는 영작을 해 보세요.

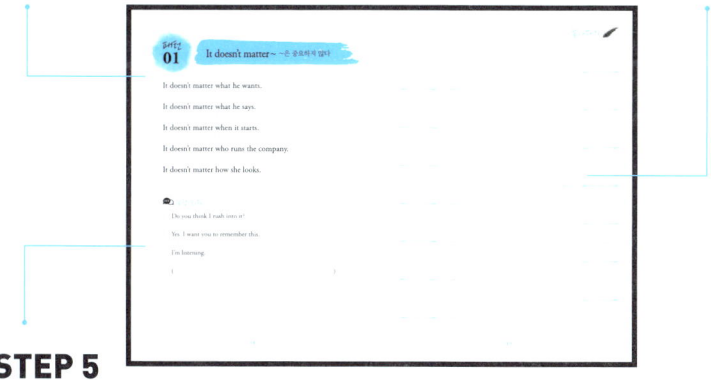

STEP 5
today's dialogue

실전 회화를 통해 오늘 배운 표현의 의미와 용도를 이해하고 영어 감각을 기를 수 있어요.
공란에 들어갈 문장을 만들면서 오늘 배운 표현을 복습할 수 있습니다.

contents

머리말 • 4
이 책의 활용법 • 6

1week 매일 첫 마음으로

Day 1   얼마나 느리게 가는지는 중요하지 않다 • 14
Day 2   어려움에서 벗어나려면 반드시 그것을 통과해야 한다 • 20
Day 3   무엇이든 할 수 있다. 하지만 모든 것을 할 수는 없다 • 26
Day 4   일하라, 돈이 필요 없는 것처럼. 사랑하라, 한 번도 상처받지 않은 것처럼 • 32
Day 5   옳은 길로 들어섰더라도, 계속 움직여야 한다 • 38

2week 인생의 묘약

Day 6   지루함의 치료약은 호기심 • 46
Day 7   좋은 일을 하면 기분이 좋아지고 나쁜 일을 하면 기분이 나빠진다 • 52
Day 8   다른 결과를 기대한다면 다르게 행동하라 • 58
Day 9   성공이란 단 하나, 인생을 뜻대로 살 수 있는 것 • 64
Day 10 그냥 흘러가는 대로 두세요 • 70

3week 그래도 사람, 다시 또 사랑

- Day 11 치유는 책임질 때 된다 •78
- Day 12 남의 말을 경청하는 사람은 어디에서나 인기가 있을 뿐 아니라 오래지 않아 뭔가를 알게 된다 •84
- Day 13 상대를 이해하기 위해 들으라 •90
- Day 14 믿음은 전염된다. 믿지 않음도 마찬가지다 •96
- Day 15 친절해서 후회하는 일은 절내 없나 •102

4week 이 또한 지나가리라

- Day 16 모든 역경 속에는 기회가 있다 •110
- Day 17 패배는 대개 일시적인 현상일 뿐이다 •116
- Day 18 포기하지 않고 계속 해나가면 원하는 것은 무엇이든 할 수 있다 •122
- Day 19 우리는 금처럼 정제된다. 매번 역경을 견디면서 •128
- Day 20 끈기 있게 버티면 어떤 상황도 이겨낼 수 있다 •134

5week 목표가 이끄는 삶

Day 21 누구나 도달하고자 하는 목표가 있어야 한다 • 142
Day 22 그동안 갖지 못했던 것을 원한다면 그동안 하지 않았던 것을 해야 한다 • 148
Day 23 좋은 생각을 하는 최고의 방법은 많은 생각을 하는 것이다 • 154
Day 24 창의적인 삶을 살기 위해서는 실패의 두려움에서 벗어나야 한다 • 160
Day 25 오늘의 꿈이 당신의 미래를 만든다 • 166

6week 지금, 행복하라

Day 26 모든 시간은 이어져 있다; 과거, 현재, 그리고 미래 • 174
Day 27 행복하고 싶다면 과거를 잊어라 • 180
Day 28 용서가 과거를 바꾸진 않는다. 그러나 미래는 확장시킨다 • 186
Day 29 인생은 길이가 아니라 깊이로 평가된다 • 192
Day 30 가진 것에 만족하라 • 198

7week 나는 나를 믿는다

- Day 51 당신이 태어난 날, 스스로를 창조할 수 있는 힘을 받았다 •206
- Day 52 성공의 중요한 한 가지 열쇠는 자기 확신이다. 자기 확신의 중요한 열쇠는 준비다 •212
- Day 53 할 수 있다고 말하는 순간, 당신 안의 창의력은 자유로워진다 •218
- Day 54 할 수 있다고 생각하는 사람이 승리한다 •224
- Day 55 실패는 다시 배울 수 있는 기회다 •230

8week 준비된 행운

- Day 56 성공은 산더미같이 쌓인 실수 위에 있다 •238
- Day 57 기회는 항상 다가온다. 문을 열고 기회를 맞이하라 •244
- Day 58 명성은 증기고 인기는 우연이다. 지속적인 건 단 하나뿐, 품성이다 •250
- Day 59 상처 입기를 두려워 말라 •256
- Day 60 하고 있는 일을 즐기면 성공할 수 있다 •262

실전 회화 정답 •269

1 week

매일 첫 마음으로

Day 1

얼마나 느리게 가는지는 중요하지 않다

It doesn't matter how slow you go.

Your hectic days make you confused.
하루하루, 바쁘고 정신없지요.

Running to your goals makes you out of breath.
목표만 보고 달리면 숨이 가빠집니다.

Sticking to the velocity can make you lose direction.
속도에만 집착하면 방향을 잃기도 하고요.

How ever, folks, life is long.
그러나 여러분, 인생은 깁니다.

It doesn't matter how slow you go.
얼마나 느리게 가는지는 중요하지 않아요.

Just as long as you don't stop.
단지, 멈추지만 않는다면요.

---

hectic 바쁜, 정신없는 **out of breath** 숨이 찬 **stick to** ~을 고수하다, ~에 집착하다 **velocity** (어떤 방향을 향해서 가는) 속도 **folks** 사람들, 여러분 **matter** n.문제, v.문제가 되다, 중요하다 **as long as** ~하는 한

긍정의 한 줄

It doesn't matter
how slow you go
just as long as
you don't stop.

 필사하기

It doesn't matter how slow you go just as long as you don't stop.

패턴 01 — It doesn't matter~ ~은 중요하지 않다

It doesn't matter what he wants.
그가 뭘 원하든 그건 중요하지 않아.

It doesn't matter what he says.
그가 무슨 말을 하든 그건 중요하지 않아.

It doesn't matter when it starts.
언제 시작하느냐는 중요하지 않아.

It doesn't matter who runs the company.
누가 그 회사를 운영하는지는 중요하지 않아.

It doesn't matter how she looks.
그녀의 외모는 중요하지 않아.

💬 실전 회화

A Do you think I rush into it?
    내가 그 일을 너무 서두르는 것 같아?

B Yes. I want you to remember this.
    그래. 네가 이걸 기억했으면 좋겠어.

A I'm listening.
    뭔데. 말해봐.

B (   )
    얼마나 느리게 가느냐는 중요하지 않아. 멈추지만 않는다면.

Day 2

어려움에서 벗어나려면
반드시 그것을 통과해야 한다

To get out of difficulty, you must go through it.

You had a hard time today.
오늘 참 힘든 하루였죠.

You call your friend to have a drink with him/her.
친구에게 전화해서 술 한 잔 하자고 합니다.

You want to drink your hard time off.
술과 함께 힘든 마음에서 벗어나려고요.

But you find yourself back on the same track in the morning.
그런데 아침이 되면 다시 원상태예요.

You want to get out of difficulty.
힘든 일에서 벗어나고 싶죠.

Then, go through it and beat it.
그러면, 부딪혀야죠. 부딪혀서 이겨내야죠.

To get out of difficulty, you must go through it.
어려움에서 벗어나려면, 반드시 그것을 통과해야 해요.

---

to get out of ~에서 벗어나려면 | **difficulty** 어려움(형용사는 difficult) | **must** ~을 해야 하다 | **go through** 통과하다, 경험하다

긍정의 한 줄
―――――――――――――――――――

To get out of difficulty, you must go through it.

To get out of difficulty, you must go through it.

You must~ 너는 ~해야 한다

You must go through difficulty.
너는 어려움을 반드시 겪어봐야 돼.

You must listen to her.
너는 그녀의 말을 반드시 들어야 돼.

You must pass the test.
너는 그 시험을 반드시 통과해야 돼.

You must follow the regulations.
너는 그 규칙들을 반드시 지켜야 해.

You must hand in the report by tomorrow.
너는 그 보고서를 내일까지 반드시 제출해야 돼.

A What's up?
  오늘 어땠어?

B I had a hard time today.
  정말 힘든 하루였어.

A How about drinking it off?
  한 잔 하고 털어버릴까?

B Sounds good.
  좋아.

A (   )
  어려움에서 벗어나려면 반드시 그것을 통과해야 해.

 필사하기

Day 3

무엇이든 할 수 있다
하지만 모든 것을 할 수는 없다

You can do anything, but not everything.

"What should I do?"

"What should I do for a living?"

You can see no future ahead of you.

However, you should be proud of yourself.

You can do anything.

You can't do everything, though.

Make up your mind and stick to it.

You can be the top in your field.

anything 무엇이든 everything 모든 것 should '~여야 한다' 외에 누군가에게 '충고'할 때도 사용 be proud of oneself 스스로를 자랑스럽게 여기다 make up one's mind 결심하다 stick to ~을 고수하다 can (~을 할 수 있는) 가능성이 충분히 있다

긍정의 한 줄

You can do anything,
but not everything.

You can do anything, but not everything.

패턴 03 You can~ 너는 ~할 수 있다(가능성)

You can get there on time.
넌 제시간에 그곳에 도착할 수 있겠어.

You can find the solution.
넌 해결책을 찾아낼 수 있을 거야.

You can keep doing it.
그렇게 계속하면 돼.

You can meet him there.
넌 거기에서 그를 만날 수 있어.

You can solve the problem on your own.
그건 너 혼자 해결할 수 있는 문제야.

 실전 회화

A Do you think I can do it?
   내가 그걸 할 수 있다고 생각해?
B Yes. You can do it.
   그럼. 넌 할 수 있어.
A Are you sure?
   확신해?
B Positive. (   )
   당연하지. 넌 무슨 일이든 할 수 있어.
A But not everything.
   하지만 모든 걸 할 수 있는 건 아니잖아.

필사하기

Day 4

일하라,
돈이 필요 없는 것처럼.
사랑하라,
한 번도 상처받지 않은 것처럼

Work like you don't need money,
love like you've never been hurt.

today's message

Don't go after money.
돈을 쫓지 마세요.

Going after money prevents you from concentrating on work heartily.
돈을 쫓으면 일에 제대로 몰두할 수 없어요.

Going after money makes you just try to get the knack of making money.
돈을 쫓으면 돈 버는 요령만 알게 될 뿐이에요.

Work like you don't need money.
일하세요, 돈이 필요 없는 것처럼.

Don't let your broken heart show.
마음의 아픔을 드러내지 마세요.

New love can be a real one.
새로 찾아온 사랑이 진짜 사랑인지 몰라요.

A broken heart shouldn't push your new love away.
새로운 사랑을 과거의 상처로 밀어내지 마세요.

Love like you've never been hurt.
사랑하세요, 한 번도 상처받지 않은 것처럼.

---

like ~처럼, ~와 같은 **have never been** ~해 본 적이 없다 **hurt** (몸에) 상처를 입은, 마음이 상한 **go after** ~을 쫓다 **prevent A from B** A가 B하는 것을 막다 **concentrate on** ~에 집중하다 **heartily** 진심으로, 열심히 **get the knack of** ~의 요령을 터득하다 **broken heart** 상심한 마음

긍정의 한 줄

Work like
you don't need money,
love like
you've never been hurt.

Work like you don't need money, love like you've never been hurt.

패턴 04

like ~(인 것)처럼

She looks like you.
그녀는 널 닮았어.

I used to be exactly like you.
나도 한때는 꼭 너 같았어.

Just do like I said.
그냥 내가 말한 것처럼 해.

I like soccer like you do.
나도 너처럼 축구 좋아해.

I'm into playing computer games like you are.
나도 너처럼 컴퓨터 게임에 빠져 있어.

 실전 회화

A ( )
사랑하라고, 한 번도 상처받지 않은 것처럼.

B What?
뭐?

A New love can be a real one.
새로운 사랑이 진짜 사랑일 수 있어.

B Come on.
왜 그러니.

Day 5

옳은 길로 들어섰더라도, 계속 움직여야 한다

Even if you're on the right track,
you have to keep moving on.

You're on the right track.
좋은 길로 들어섰군요.

You set your goals right.
목표로 제대로 잡았고요.

You, however, don't just sit there.
넣었다고 그대로 앉아 있지 마세요.

You'll get run over, then.
그러다가 지나가는 차에 치일 거예요.

Don't allow yourself to fall into mannerism.
매너리즘에 빠지지 마세요.

You're going to die out, then.
그러면 순식간에 도태되니까요.

Move on.
움직이세요.

Don't stop moving.
멈추지 말고 움직이세요.

---

be on the right track (목표를 이루기 위해) 제 길로 들어서 있다 | **set one's goals right** 목표를 잘 잡다 | **get run over** 차에 치이다 | **allow oneself to** ~하도록 하다 | **mannerism** 타성, 매너리즘 | **die out** 완전히 죽다, 사라지다, 도태되다 | **move on** (새로운 마음으로) 움직이다

긍정의 한 줄

Even if
you're on the right track,
you have to keep
moving on.

Even if you're on the right track, you have to keep moving on.

패턴 05 — even if (비록) ~이더라도

Even if it hurts me, I won't give up.
상처받더라도, 포기하지 않겠어.

Even if you're right, they won't agree with you.
네가 옳다 해도, 그들은 절대 너에게 동의하지 않을 거야.

Even if she doesn't love me, I'll stay with her.
그녀가 나를 사랑하지 않아도, 나는 그녀와 함께 있을 거야.

Even if you work hard, you won't get promoted.
네가 열심히 일해도, 승진하지는 않을 거야.

Even if you pay me a lot, I can't meet the deadline.
내게 돈을 아무리 많이 줘도, 마감시간에 맞출 수 없어.

실전 회화

A Am I doing all right?
   저 잘하고 있는 거에요?

B Yes, you are. (   )
   그래. 제대로 잘하고 있어.

A Am I? I'm happy to hear that.
   그래요? 그 말을 들으니 정말 다행이에요.

B But you shouldn't fall into mannerism.
   하지만 매너리즘에 빠지면 안 돼.

A I'll keep that in mind.
   명심할게요.

 필사하기

2 week

인생의 묘약

지루함의 치료약은 호기심

The cure for boredom is curiosity.

Things must be boring.
따분하지요.

Your daily routine can be boring.
다람쥐 쳇바퀴 돌 듯 뻔한 일상이 지루하지요.

It can happen to everyone.
누구나 그럴 수 있어요.

How about expanding the range of your interests?
관심사의 범위를 넓히는 건 어떨까요?

You trigger your intellectual curiosity.
지적 호기심을 발휘해 보세요.

Then you can chase away boredom.
그러면 권태를 없앨 수 있습니다.

The cure for boredom is curiosity.
지루함에 가장 좋은 치료법은 호기심이에요.

---

boredom 지루함, 따분함 | **boring** 지루한 | **expand** 넓히다, 확장하다 | **range of** ~의 범위 | **trigger** 촉발시키다; 방아쇠, 도화선 | **chase away** 쫓아내다 | **curiosity** 호기심

긍정의 한 줄

The cure for boredom is curiosity.

 필사하기

The cure for boredom is curiosity.

패턴 06 cure for ~을 위한 치유법/대책

There's no cure for AIDS.
에이즈 치료법은 없어.

There's no easy cure for alcoholism.
알콜 중독에 쉬운 치료법은 없어.

There was no known cure for that.
그것에 대한 치료법은 알려져 있지 않았어.

We should find a cure for that.
우리는 그것에 대한 대책을 찾아야 해.

What's the cure for that?
그 일에 대한 대책이 뭐야?

 실전 회화

A My daily routine, it is really boring.
반복되는 평범한 일상, 정말 따분해.

B I understand. Why don't you expand the range of your interests?
이해해. 관심사의 범위를 넓혀 보면 어때?

A The range of my interests? How?
관심사의 범위? 어떻게?

B ( ) Just trigger your intellectual curiosity.
지루함의 치료약은 호기심이야. 지적 호기심을 자극해 봐.

 필사하기

Day 7

좋은 일을 하면 기분이 좋아지고
나쁜 일을 하면 기분이 나빠진다

When I do good, I feel good; when I do bad, I feel bad.

Do you feel good today?

You must have done something good.

Do you feel bad today?

You must have done something bad.

You should do something good, even a small thing.

You should not do anything bad, even a little thing.

That is my religion.

---

feel good 기분이 좋다 | **must have + p.p.** ~이었음에 틀림없다 | **should** ~하는 것이 좋다 | **even** 심지어 | **religion** 종교(와도 같은것), 아주 중요한 것

긍정의 한 줄

When I do good,
I feel good;
when I do bad,
I feel bad.

When I do good, I feel good; when I do bad, I feel bad.

패턴 07 When I ~ 내가 ~할 때

When I start the engine, the radio comes on.
(차에) 시동을 걸면, 라디오가 나와.

When I was in college, I imagined traveling around Europe.
대학에 다닐 땐, 유럽 여행을 상상했지.

When I got there, a woman looked up at me.
내가 그곳에 도착했을 때, 한 여자가 나를 올려다봤어.

When I stood, I was struck by a wave of nausea.
서 있는데, 갑자기 심하게 토할 것 같았어.   • **nausea** 메스꺼움

When I was about your age, my parents got divorced.
내가 네 나이 또래일 때, 부모님이 이혼하셨어.

💬 실전 회화

A I feel good today.
   오늘 기분 좋네.

B Do you? You must have done something good.
   그래? 뭔가 좋은 일을 했나 봐.

A How do you know?
   어떻게 알아?

B (   )
   좋은 일을 하면, 기분이 좋지.

A I agree with you.
   같은 생각이야.

Day 8

다른 결과를 기대한다면
다르게 행동하라

Insanity: doing the same thing over and over again

You study hard, but your grades stay the same.
열심히 공부해도 성적이 오르지 않나요?

You work hard, but your performance doesn't show any progress.
열심히 일해도 보여줄 만한 실적이 없나요?

Why don't you change the way you study or work?
공부나 일하는 방법을 바꿔보세요.

You treat people with favor, but it doesn't win any response.
타인에게 호의를 베풀어도 반응이 없나요?

Why don't you change the way you deal with people?
사람을 대하는 방법을 바꿔보세요.

It is insane to do the same thing over and over again and expect different results.
같은 행동을 반복하면서 다른 결과를 기대하는 건 미친 짓이에요.

---

insanity 정신 이상 | **expect** 기대하다, 예상하다 | **stay the same** (변함없이) 같은 상태를 유지하다 | **performance** (하는 일의) 실적, 공연, 연기 | **progress** 진전, 진척 | **treat** (사람을) 다루다, 대하다 | **favor** 호의 | **response** 반응, 응답 | **deal with** 다루다, 대하다

긍정의 한 줄
―――――――――――

Insanity: doing the same thing over and over again

Insanity: doing the same thing over and over again

패턴 08   over and over   여러 번 되풀이하여, 반복해서

Over and over in my mind, I replayed our dancing.
머릿속에서 반복해서, 나는 우리의 춤을 되뇌었어.

Over and over again, I woke up screaming.
여러 번, 나는 비명을 지르며 잠에서 깼어.

She said it over and over until he calmed again.
그녀는 그가 다시 진정될 때까지 그 말을 반복했어.

She heard him say it over and over again.
그녀는 그가 그 말을 계속 반복하는 소리를 들었어.

He apologized over and over.
그는 계속 사과했어.

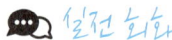

A   I study hard, but my grades stay the same.
    열심히 공부했는데, 성적이 그대로야.

B   Then, why don't you change the way you study?
    그러면, 공부하는 방법을 바꿔보지 그래?

A   Do you think it will work?
    효과가 있을까?

B   I'm not sure, but it's worth trying. I think (   ) and expect different results.
    확신은 못하지만, 시도해볼 만한 가치는 있지. 같은 행동을 반복하면서 다른 결과를 기대하는 건 미친 짓이잖아.

성공이란 단 하나, 인생을 뜻대로 살 수 있는 것

There is only one success —
to be able to spend your life in your own way.

You must want to make a success.
성공하고 싶죠.

That's one of everybody's wishes.
누구나 성공하고 싶어 하지요.

However, it's hard to define success.
그러나, 무엇이 성공인지 정의하기는 어려워요.

Nevertheless, there's only one success nobody can deny:
그럼에도 불구하고, 누구도 부정할 수 없는 유일한 성공이 있어요.

Not to spend your life in other people's ways,
당신의 인생을 남의 방식대로 살지 않는 것,

but to be able to spend your life in your own way.
당신의 인생을 당신의 뜻대로 살 수 있는 것.

That's success.
그게 바로 성공이에요.

---

must ~임에 틀림없다 **make a success** 성공하다 **succeed** 성공하다 **define** 정의하다 **nevertheless** 그럼에도 불구하고 **deny** 부정하다, 부인하다 **in your own way** 당신의 방식대로

긍정의 한 줄
―――――――――――――――――

There is only one success
— to be able to spend
your life in your own way.

필사하기

There is only one success — to be able to spend your life in your own way.

패턴 09 There is~ ~가 있다

There is a strange pain in my side.
한 쪽 옆구리에 이상한 통증이 있어.

There is a slight chill in the air.
공기가 좀 차네.

There is much to remember.
기억할 게 많아요.

There is no explanation for this.
이것에 대한 설명은 없어.

There is nothing I can do.
내가 할 수 있는 게 아무것도 없어.

 실전 회화

A It's hard to define success.
　　성공을 정의하기는 어려워.

B I know, but I think (　　　　　　　　　　　　)
　　그렇지. 하지만 난 성공은 딱 하나라고 생각해.

A What is it?
　　그게 뭔데?

B To be able to spend your life in your own way.
　　네 인생을 네 방식대로 살아갈 수 있는 것.

A I agree with you.
　　맞는 말이야.

필사하기

Day 10

그냥 흘러가는 대로 두세요

Just let it go.

I hear you sigh, 'Life is hard.'

You want to give up.

Hold on.

What makes you say that?

Compared to what?

Almost everything is hard in life.

Just let it go.

You can find yourself in an easier life.

---

sigh 한숨 쉬다　**hard** 어려운, 힘든　**give up** (어떤 일을) 포기하다　**hold on** 잠깐 기다리다　**compare to** ~와 비교하다　**let something go** ~을 (흘러가는 대로) 두다

긍정의 한 줄
———————————————

Almost everything is hard in life. Just let it go.

Almost everything is hard in life. Just let it go.

패턴 10

I heard somebody + 동사
누군가 ~하는 소리를 들었다

I heard him sigh.
나는 그가 한숨 쉬는 소리를 들었어.

I heard him complain.
나는 그가 불평하는 소리를 들었어.

I heard her cry.
나는 그녀가 우는 소리를 들었어.

I heard her play the piano.
나는 그녀가 피아노 연주하는 소리를 들었어.

I heard them fight last night.
나는 지난 밤에 그들이 싸우는 소리를 들었어.

 실전 회화

A Life is hard.
   살기 힘들어.

B Life is hard? Compared to what?
   살기 힘들다고? 무엇과 비교해서 힘들다는 거야?

A Well…
   그게…

B Almost everything is hard in life.(   )
   You can find yourself in an easier life.
   살다 보면 거의 모든 게 힘들지. 그냥 흘러가는 대로 둬. 더 편안하다고 느낄 거야.

3week

그래도 사람, 다시 또 사랑

Day 11

치유는
책임질 때 된다

Healing comes from taking responsibility.

You look like you feel hurt.
마음이 상한 것 같네요.

Don't feel sad.
우울해하지 말아요.

Don't feel small.
위축되지 말아요.

Don't whine about anything.
무엇에 대해서도 하소연하지 말아요.

Healing doesn't come from those ways.
치유는 그런 식으로 되지 않아요.

Take responsibility for the wounds inside.
마음속 상처들에 책임을 지세요.

Healing comes from taking responsibility.
치유는 책임질 때 되어요.

---

healing 치유　**take responsibility** 책임을 지다　**feel hurt** 마음이 상하다　**feel small** 위축되다　**whine** 징징대며 불평하다, 하소연하다　**wound** 상처　**inside** 마음속의

긍정의 한 줄

Healing comes from
taking responsibility.

Healing comes from taking responsibility.

패턴 11   come from ~에서 오다, ~에서 생기다

The music is coming from the room.
음악이 그 방에서 흘러나오고 있어.

Where did the money come from?
그 돈은 어디에서 생긴 거야?

I saw flames coming from the engine.
나는 엔진에서 불길이 솟는 걸 봤어.

I've come from Paris to take the job.
나는 그 일을 하러 파리에서 왔어.

That idea came from me.
그 아이디어는 내가 낸 거야.

 실전 회화

A   You look like you feel hurt.
      기분이 상해 보이네.

B   Yes, I do. I heard people badmouthing me behind my back.
      응, 그래. 사람들이 내 뒤에서 내 험담하는 걸 들었어.

A   Listen to me. Don't feel sad or small about that. Take responsibility for that instead.
      내 말 잘 들어. 그것 때문에 슬퍼하거나 위축되지 마. 대신 사람들이 그러는 것에 대한 책임을 지도록 해.

B   Take responsibility?
      책임을 지라고?

A   Yes. (　　　　　　　　　　　　　　　　　　)
      그래. 치유는 책임질 때 되는 거야.

Day 12

남의 말을 경청하는 사람은 어디에서나 인기가 있을 뿐 아니라 오래지 않아 뭔가를 알게 된다

A good listener is not only popular everywhere,
but after a while he knows something.

You have no idea why people keep distance from you.

Why don't you reflect on yourself?

Do you listen to people?

Don't you speak without listening to others?

A good listener is popular everywhere.

And after a while he knows something from listening to people.

---

popular 인기 있는, 대중적인   **keep distance from** ~로부터 거리를 유지하다   **have no idea** 전혀 모르다   **listen to** ~의 말을 귀담아 듣다   **reflect on** ~을 반성하다, 되돌아보다

긍정의 한 줄

A good listener is not
only popular everywhere,
but after a while
he knows something.

A good listener is not only popular everywhere, but after a while he knows something.

패턴 12 after a while 오래 지나지 않아, 잠시 후에

After a while most of us gave up.
얼마 후에 우리 중 대부분은 포기했어.

After a while the relationship became bumpier.
오래지 않아 그 관계는 더욱 평탄치 않게 되었어.　　　　　　　　• **bumpy** 평탄치 않은

After a while I looked up at the clock.
잠시 후에 난 고개 들어 시계를 봤어.

After a while the meeting turned out to be productive.
오래지 않아 그 회의는 생산적으로 바뀌었어.

After a while he turned the limo up a steep hill off the main road.
잠시 후에 그는 도로에서 벗어나 가파른 언덕으로 리무진을 돌렸어.

A How are you doing?
　　잘 지내?

B I feel a little bad. My coworkers keep distance from me.
　　기분이 별로야. 동료들이 나를 멀리해.

A Well, to be honest with you, you don't listen to people.
　　저기, 솔직히 말하자면, 넌 남의 말을 경청하지 않아.

B Don't I?
　　내가?

A No, you don't.(　　　　　　　　　　　　　　　　)
　　And while listening to people, you know something.
　　응, 그래. 인기가 있으려면 남의 말을 경청할 줄 알아야 돼. 그리고 사람들의 말을 경청하다보면 오래지 않아 뭔가를 알게 돼.

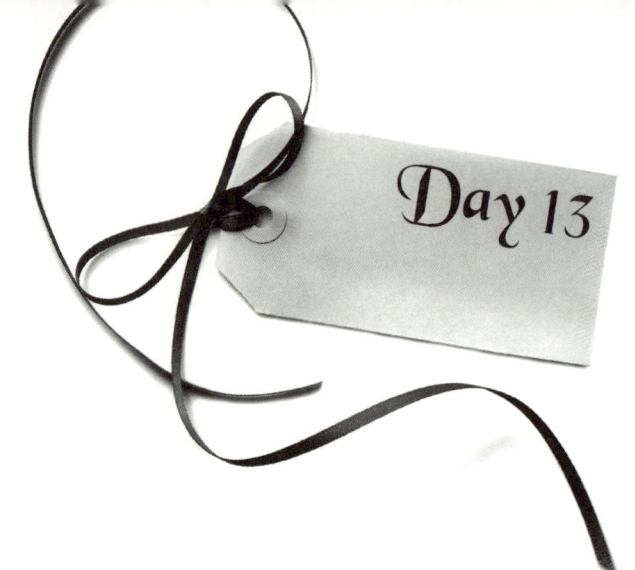

상대를 이해하기 위해 들으라

Do listen to understand.

You're a good listener.
당신은 상대의 말을 잘 듣습니다.

However, you're still ignored by people.
그런데도, 여전히 사람들에게 외면당하나요?

Look at it this way.
이렇게 한번 생각해 봐요.

What is the reason for you to listen to people?
당신이 사람들의 말을 듣는 이유가 뭔가요?

Do you listen to understand or to reply?
상대를 이해하기 위해서인가요, 아니면 상대의 말에 대응하기 위해서인가요?

The biggest communication problem is we do not listen to understand.
소통의 가장 큰 문제는 상대를 이해하기 위해 듣지 않는다는 거죠.

We listen to reply.
우리는 상대의 말에 대응하려고 듣여요.

---

reply 대응하다 | **a good listener** (남의 말을) 경청하는 사람 | **ignore** 무시하다, 외면하다 | **look at** 바라보다, 살펴보다 | **this way** 이런 식으로, 이런 방법으로 | **communication** 의사소통

긍정의 한 줄

Do listen to understand.

Do listen to understand.

패턴 13

listen to ~을 귀 기울여 듣다

Just listen to me for a minute.
그냥 잠깐 내 말 좀 들어봐.

You don't have to listen to him.
넌 그 사람 말은 들을 필요도 없어.

Why aren't you listening to me?
왜 내 말을 안 듣고 있니?

I'm not in the mood to listen to you.
난 지금 네 말을 들을 기분이 아니야.

The music is worth listening to.
그 음악은 들을 만한 가치가 있어.

 실전 회화

A Men and women are so different from each other.
   남자와 여자는 서로 너무 달라.

B In what ways?
   어떤 면에서?

A Men don't listen to women to understand. They listen to women just to reply.
   남자는 여자의 말을 이해하려고 듣는 게 아니야. 그저 대응하려고 듣는 거지.

B Ah, so you think it causes a communication problem?
   아, 그래서 그것 때문에 소통에 문제가 생긴다고 생각하니?

A That's right. (   )
   맞아. 소통의 가장 큰 문제는 상대를 이해하기 위해 듣는 게 아니라는 거야.

필사하기

Day 14

믿음은 전염된다
믿지 않음도 마찬가지다

Confidence is contagious. So is the lack of confidence.

Some people have confidence in people around themselves.

Others don't.

What about you?

When I have confidence in others, they have confidence in me.

When I don't have confidence in others, they don't have any confidence in me.

Confidence is contagious.

So is the lack of confidence.

---

confidence 신뢰, 믿음, 확신   **contagious** 전염되는, 전염성의   **lack** 부족, 결핍

긍정의 한 줄

Confidence is contagious. So is the lack of confidence.

필사하기

Confidence is contagious. So is the lack of confidence.

lack of ~의 부족

They don't mind the lack of oxygen.
그들은 산소가 부족한 것을 개의치 않아.

I was staggered by his lack of humility.
난 그가 겸손함이 부족한 것에 깜짝 놀랐어.

• **humility** 겸손

My lack of confidence in him goes back to the fall of 2002.
내가 그에 대한 믿음이 부족한 건 2002년 가을로 거슬러 올라가지.

Her lack of patience caused the problem.
그녀의 인내심 부족으로 그 문제가 생긴 거야.

I'm tired from lack of sleep.
잠을 못 잤더니 피곤해.

A Do you have a tendency to have confidence in others?
   넌 다른 사람들을 믿는 편이니?

B Have confidence in others? NO!
   다른 사람을 믿냐고? 아니!

A Why not?
   왜?

B How can you trust in others?
   다른 사람들을 어떻게 믿어?

A (   ) If you don't believe in others, they don't believe in you.
   믿음은 전염돼. 네가 다른 사람들을 믿지 않으면 그들도 너를 믿지 않아.

친절해서 후회하는 일은 절대 없다

You never regret being kind.

today's message

Being kind makes people happy.

Being kind gets people a smile.

Some people exploit kindness though.

That's when kindness backfires.

Some bad people are surely around us.

If you, nevertheless, don't fail to be kind, you'll end up being rewarded.

You never regret being kind.

---

regret 후회하다 | **exploit** (부당하게) 이용하다, 착취하다 | **backfire** 역효과를 낳다 | **nevertheless** 그럼에도 불구하고 | **end up** 결국 ~이 되다 | **reward** 보상하다

긍정의 한 줄
___

You never regret being kind.

 필사하기

You never regret being kind.

패턴 15 Don't fail to 반드시 ~하도록 해라

Don't fail to get there in time.
반드시 제시간에 그곳에 도착해야 돼.

Don't fail to bring it back to me tomorrow.
잊지 말고 그거 내일 나한테 돌려줘.

Don't fail to text him back.
그에게 꼭 답문자 해줘.

Don't fail to send him an email.
그에게 잊지 말고 이메일 보내.

Don't fail to carry your umbrella.
꼭 우산 가지고 다녀.

 실전 회화

A Do I have to be kind to people?
　　사람들한테 꼭 친절해야 돼?

B Yes, you should. Being kind makes people happy.
　　그럼, 그래야지. 친절은 사람들을 기분 좋게 하니까.

A Some people exploit kindness.
　　어떤 사람은 친절을 악용하잖아.

B Ah, I know what you're talking about, but (　　　　　)
　　아, 무슨 말하는지 알겠어. 하지만 친절해서 후회하는 일은 절대 없어.

 필사하기

Positive
Quotations
40 days

4 week

이 또한 지나가리라

Day 16

모든 역경 속에는
기회가 있다

In the middle of every difficulty lies opportunity.

You're in the middle of difficulties.
지금 곤경에 처해 있군요.

There's no exit in sight.
빠져나갈 구멍이 보이지 않네요.

You're putting the blame on others?
남 탓만 하시겠어요?

Opportunity comes in difficulty.
힘들 때 기회가 옵니다.

No challenge, no tension and no opportunity are there in an easy life.
편히 때는 도전도, 긴장감도, 기회도 없지요.

Find opportunity in difficulty and challenge aggressively.
힘들수록 기회가 있고 과감하게 도전하세요.

In the middle of every difficulty lies opportunity.
모든 역경 속에는 기회가 있답니다.

---

difficulty 어려움, 역경 | **exit** 출구 | **in sight** 눈에 보이는 | **put the blame on** (잘못된 일에 대해서) 누군가에게 책임을 돌리다 | **challenge** 도전하다 | **tension** 긴장(감) | **aggressively** 적극적으로, 공격적으로

긍정의 한 줄

In the middle of every difficulty lies opportunity.

In the middle of every difficulty lies opportunity.

in the middle of~ ~의 중간에, ~의 도중에

I was standing in the middle of the room.
난 그 방 한가운데 서 있었어.

I woke in the middle of the night and couldn't sleep again.
한밤중에 일어나서 다시 잠들 수가 없었어.

I was in the middle of something.
뭘 좀 하고 있던 중이었어.

We're in the middle of an investigation.
우리는 지금 한창 조사 중이야.

In the middle of the meeting, his face was red with anger.
회의 중에, 그의 얼굴이 화가 나서 벌개졌어.

A There's no exit in sight.
   빠져나갈 구멍이 보이지 않아.

B Well… why don't you look at it this way?
   음… 이런 식으로 생각해보면 어떨까?

A What is that?
   어떻게?

B Opportunity comes in difficulty. (   )
   기회는 힘든 순간에 찾아온다고. 모든 역경 속에는 기회가 있어.

패배는 대개
일시적인 현상일 뿐이다
Being defeated is often only a temporary condition.

Being defeated shouldn't make you depressed.

Being defeated happens.

Everybody can be defeated.

However, don't let being defeated turn into giving up.

When being defeated is often only a temporary condition,

giving up makes it permanent.

When you give up, you'll have a hard time getting back on your feet.

---

be defeated 지다, 패배하다 | **shouldn't** ~하면 안 된다 | **make someone depressed** ~을 우울하게 하다 | **turn into** ~이 되다 | **give up** 포기하다 | **temporary** 일시적인 | **condition** 상태, 상황 | **permanent** 영구적인 | **get back** 돌아오다 | **on your feet** (질병·곤경에서) 완전히 회복한

긍정의 한 줄

Being defeated is often only a temporary condition.

Being defeated is often only a temporary condition.

패턴 17 make A + 형용사 A를 ~의 상태로 만들다

I want to make his funeral special.
그의 장례식을 특별하게 만들고 싶어.

You're making it worse.
네가 상황을 더 악화시키고 있잖아.

I'm going to make you proud of me.
네가 나를 자랑스러워 하도록 만들 거야.

There's nothing that makes me more nervous than that.
그것보다 나를 더 긴장되게 만드는 일은 없어.

I don't want the situation to make you uncomfortable.
그 상황 때문에 네가 불편해지는 건 원하지 않아.

 실전 회화

A   I'd like to give up.
포기하고 싶어.

B   I know what you mean. But don't give up.
무슨 말인지 알아. 하지만 포기하지 마.

A   Why not?
왜?

B   Being defeated is often only a temporary condition.
패배는 단지 일시적인 현상일 뿐이야.
(   )
포기를 하면 영원해지지.

Day 18

포기하지 않고 계속 해나가면
원하는 것은 무엇이든 할 수 있다

We can do anything we want
as long as we stick to it long enough.

You are about to give up on something?
뭔가를 포기하려 하나요?

It has made you feel down?
마음이 힘들고 젖이죠?

You're blaming yourself for that?
그것에 대해 자책도 하고요?

No, don't give up.
그러지 마세요. 포기하지 말아요.

Just stick to it.
그냥 계속 밀어붙여요.

Everything needs time.
모든 일에는 시간이 필요해요.

You can do anything you want as long as you stick to it long enough.
포기하지 않고 계속 해나가면 원하는 것은 무엇이든 할 수 있어요.

---

long enough 충분히 오래 | **stick to** ~을 (참고) 계속하다, 고수하다 | **be about to** 막 ~하려고 하다 | **give up on** ~(에 대한 희망)을 포기하다 | **feel down** 울적하다, 좌절하다 | **blame oneself** 자책하다

긍정의 한 줄

We can do anything we want as long as we stick to it long enough.

 필사하기

We can do anything we want as long as we stick to it long enough.

패턴 18 as long as ~하는 한, ~이기만 하면

I will never forget this as long as I live.
내가 살아 있는 동안 이건 절대 잊지 않을 거야.

You can stay here as long as you like.
네가 좋은 만큼 여기 머물러도 돼.

I'd be happy to do anything as long as you were with me.
네가 나와 함께 한다면 무슨 일이든 기쁘게 할 수 있어.

As long as he doesn't ask about my past, I can meet him.
그가 내 과거만 묻지 않는다면, 그를 만날 수는 있지.

As long as you're not busy, get me a Diet Pepsi.
바쁘지 않으면, 다이어트 펩시콜라 좀 갖다 줘.

실전 회화

A I can't keep going on like this. I can't handle this business any longer.
이런 식으로 계속 할 수는 없어. 난 이 일을 더 이상 감당할 수가 없어.

B Listen. That's not long enough to succeed. Don't blame yourself. You need more time.
들어봐. 성공하기에 충분한 시간은 아니지. 자책하지 마. 너한테는 시간이 더 필요한 거야.

A Do you think so?
그렇게 생각해?

B Yes. (   )
그럼. 포기하지 않고 계속 해나가면 원하는 건 뭐든지 할 수 있어.

Day 19

우리는 금처럼 정제된다
매번 역경을 견디면서

We are refined like gold, with every adversity endured.

You want to live in a different world?
다른 세상에서 살고 싶은가요?

You are wondering why you should bother to live this way?
왜 이렇게 애를 쓰며 살아야 되나 싶은가요?

You seem to be in adversity.
지금 역경에 처하신 듯하네요.

In fact, nobody can avoid adversity.
사실, 역경 없이 살 수 있는 사람은 단 한 사람도 없지요.

If it is true, adversity must be there to be endured.
그렇다면, 역경은 견뎌내기 위해 존재하는 겁니다.

We are refined like gold.
우리는 금처럼 정제되지요.

With every adversity endured.
매번 역경을 견뎌낼수록.

refined 정제된, 제련된 **adversity** 역경 **endure** 참다, 견디다 **bother** 애를 쓰다 **avoid** 피하다

긍정의 한 줄

We are refined like gold,
with every adversity endured.

필사하기

We are refined like gold, with every adversity endured.

패턴 19   this way 이런 식으로, 이렇게

I knew you were going to react this way.
난 네가 이런 식으로 반응할지 알고 있었어.

Think of it this way.
그걸 이렇게 한번 생각해봐.

Let me put it this way.
내가 이렇게 한번 설명해볼게.

We've lived this way always.
우리는 언제나 이런 식으로 살아왔어.

She never behaves this way.
그녀는 절대 이런 식으로 행동하지 않아.

실전 회화

A How can we change this world for the better?
어떻게 하면 이 세상을 더 좋게 바꿀 수 있을까?

B You're not satisfied with this world?
이 세상이 마음에 들지 않아?

A Never.
절대로.

B You sound like you're in adversity.
역경에 처한 사람처럼 들리는걸.

A In a way, yes.
그렇다고 볼 수도 있지.

B (   )
우리는 금처럼 정제되는 거야. 매번 역경을 견뎌내면서.

 필사하기

Day 20

끈기 있게 버티면
어떤 상황도 이겨낼 수 있다

With patient persistence,
you will conquer any situation.

today's message

Be more patient.

You're almost there.

Don't give in to the temptation of submission.

Submission looks sweet, but it is extremely bitter.

You need persistence.

Keep going with persistence.

With patient persistence, you will conquer any situation.

---

patient 인내심 있는, 참을성 있는 | **persistence** 끈기, 고집 | **conquer** 정복하다 | **give in to** ~에 굴복하다
temptation 유혹 | **submission** 항복, 굴복 | **extremely bitter** 대단히 쓴, 쓰디쓴

긍정의 한 줄

With patient persistence, you will conquer any situation.

With patient persistence, you will conquer any situation.

패턴 20

more 좀 더, (양 또는 수가) 더 많은

I like my apartment for more reasons than one.
내가 내 아파트를 좋아하는 데는 한 가지 이상의 이유가 있어.

I feel more comfortable.
마음이 좀 편해.

George Bush was probably even more famous than Tony Blair.
조지 부시는 아마도 토니 블레어보다 훨씬 더 유명했을 거야.

I could spend more time on my own.
나 혼자만의 시간을 좀 더 보낼 수 있었지.

Telling a story is more difficult than it looks.
어떤 이야기를 전달한다는 게 보기보다는 더 어려워.

실전 회화

A You must be under a lot of pressure.
스트레스 많이 받겠네.

B Yes, I am.
네, 그렇죠.

A You're almost there. Don't give up.
목표까지 거의 다 왔어. 포기하지 마.

B Sometimes I'm tempted to give up, but I know I must not.
때로 포기하고 싶은 유혹도 받지만, 포기하면 안 된다는 거 알아요.

A I'm proud of you. Be more patient. (   )
네가 자랑스러워. 좀 더 참아봐. 끈기 있게 버티면 어떤 상황도 이겨낼 수 있어.

 필사하기

5 week

목표가 이끄는 삶

Day 21

누구나 도달하고자 하는 목표가 있어야 한다

Everybody should have goals to reach.

I don't have any goals.
난 목표가 없어요.

What should I do? How should I live?
무엇을 해야 하나요? 어떻게 살아가야 하죠?

I don't have those goals.
그런 목표들이 없다고요.

No. That's not the way to live.
아니요. 그렇게 살면 안 돼요.

You should have goals.
목표가 있어야죠.

Everybody should have goals to reach.
누구나 이루고자 하는 목표가 있어야 해요.

Life without any goals means nothing.
목표가 없으면 삶의 의미도 없어요.

The tragedy of life lies in having no goal to reach.
삶의 비극은 이룰 목표가 없다는 데 있어요.

---

goal to reach 이룰 목표 | **the way to live** 사는 방법 | **mean nothing** 아무것도 의미하지 않는다, 아무런 의미가 없다 | **tragedy** 비극 | **lie in** 놓여 있다

긍정의 한 줄

Everybody should have goals to reach.

Everybody should have goals to reach.

패턴 21   lie in ~에 놓여 있다

My interest lies in you.
나 너한테 관심 있어.

Your future lies in my hands.
네 미래는 내 손 안에 있어.

His success lies in the results of this case.
그의 성공은 이 사건의 결과에 달렸어.

Making success does not lie in making money.
성공이 돈을 번다는 것을 의미하지는 않아.

Happiness lies in a successful married life.
행복은 성공적인 결혼 생활에 달려 있어.

 실전 회화

A   I don't think goals are worth being set.
    난 목표는 세울 필요가 없다고 생각해.

B   What makes you say that? You think setting goals means nothing?
    무슨 소리야? 목표를 세우는 게 아무런 의미가 없다니?

A   Don't misunderstand me. After setting goals, it's hard for you to fulfill them. That's what I mean.
    오해하지 마. 목표를 세운 후에 그것들을 이루기가 힘들다는 얘기야. 그 뜻이라고.

B   I know what you mean, but (   ) Remember that.
    무슨 말인지 알겠어. 하지만 삶의 비극은 이룰 목표가 없다는 데 있어. 기억하라고.

필사하기

Day 22

그동안 갖지 못했던 것을
원한다면
그동안 하지 않았던 것을
해야 한다

If you want something you've never had,
then you've got to do something you've never done.

You want to get a better job?
당신은 더 좋은 직장을 원하나요?

You want to get a dream car?
꿈에 그리던 멋진 차를 갖고 싶나요?

You want to date a nice woman?
멋진 여성과 데이트하고 싶나요?

You want to win respect from many people?
많은 사람들의 존경을 받고 싶나요?

You can achieve all of those goals.
그 모든 목표를 이룰 수 있어요.

However, if you want something you've never had, you've got to do something you've never done.
하지만, 당신이 갖지 못했던 것을 원한다면, 당신이 하지 않았던 것을 해야 하죠.

---

dream car 꿈에 그리던 멋진 차 | **win respect** 존경을 받다 | **achieve** 이루다, 성취하다

긍정의 한 줄

If you want something
you've never had,
then you've got to do
something
you've never done.

If you want something you've never had, then you've got to do something you've never done.

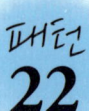

패턴 22 You've never + P.P. 너는 ~한 적이 없다

It's a city you've never visited.
거긴 네가 한 번도 가 본 적이 없는 도시야.

You've never realized it.
그건 그동안 네가 깨닫지 못했던 거야.

You've never said that before.
전에 그런 말한 적 없잖아.

You've never heard of him.
넌 그에 대한 이야기를 들어 본 적 없잖아.

You've never experienced it.
넌 그런 경험을 해 본 적이 없잖아.

 실전 회화

A I want to get a better job.
   더 좋은 직업을 갖고 싶어.

B Oh, you want to change your job?
   오, 직업을 바꾸고 싶어?

A Yes. And I want to get a dream car.
   그래. 그리고 꿈에 그리던 멋진 차를 갖고 싶어.

B Oh, you need to make a lot of money.
   오, 돈 많이 벌어야겠네.

A I'd like to date a nice woman.
   근사한 여성과 데이트하고 싶어.

B You know what? (   )
   그거 알아? 그동안 갖지 못했던 것을 원한다면 그동안 하지 않았던 것을 해야 해.

 필사하기

Day 23

좋은 생각을 하는 최고의 방법은 많은 생각을 하는 것이다

The best way to have a good idea is to have lots of ideas.

You're not being able to come up with a good idea?
좋은 아이디어가 떠오르지 않나요?

A good idea is not coming up as it used to be?
예전보다 좋은 아이디어도 아니고요?

Are you blaming your age for that?
그게 나이 때문이라고 탓하나요?

Do you think a lot as you used to do?
예전만큼 생각을 많이 하나요?

Not being able to have a good idea must mean you don't do a lot of thinking.
좋은 아이디어가 떠오르지 않는 이유는 생각을 많이 하지 않아서일 거예요.

As you can find yourself a right person after you meet many people,
나에게 맞는 사람을 찾으려면 많은 사람을 만나봐야 하듯,

you should have lots of ideas to have a good idea.
많은 생각을 하면 좋은 생각이 떠오른답니다.

---

come up with ~을 생각해내다 | **blame** ~을 탓하다, ~의 책임을 묻다 | **must** ~임에 틀림없다 | **do a lot of thinking** 많은 생각을 하다

긍정의 한 줄

The best way
to have a good idea is
to have lots of ideas.

The best way to have a good idea is to have lots of ideas.

패턴 23 : used to (한때) ~이었다

I used to wear the shirt frequently.
나는 그 셔츠를 자주 입었어.

I never used to be late.
나는 절대 늦은 적이 없었어.

We used to go everywhere together.
우리는 어디든 함께 다녔었어.

I used to be a real loudmouth.
내가 한때는 완전 떠버리였지.

• **loudmouth** 떠버리; 입이 건 사람

I'm stronger than I used to be.
나는 예전보다 힘이 세졌어.

 실전 회화

A I'm short of ideas.
    아이디어가 부족해.

B But you were full of ideas, weren't you?
    그렇지만 너 아이디어 창고였잖아.

A Used to be, but not these days.
    예전에는 그랬는데, 요즘은 아니야.

B You mustn't think a lot as you used to do.
    예전만큼 생각을 많이 하지 않나봐.

A I think so.
    그런 것 같아.

B When (   ), you can have a good idea.
    생각을 많이 하면, 좋은 아이디어가 생각날 거야.

Day 24

창의적인 삶을 살기 위해서는
실패의 두려움에서 벗어나야 한다

To live a creative life,
you must lose your fear of being wrong.

You must have thought about living a creative life.

You must have thought about living a different life from others.

To act upon those thoughts, you must be bold.

You should not let your fear of being wrong hold you back.

The fear ends up preventing you from being creative.

To live a creative life, you must lose your fear of being wrong.

---

lose fear of ~에 대한 두려움을 떨쳐버리다　**be wrong** 잘못되다, 실패하다　**act upon** ~에 따라서 행동하다, ~에 의거해서 따르다　**thought** 생각　**bold** 과감한, 대담한　**hold back** 저지하다, 막다

긍정의 한 줄

To live a creative life,
you must lose your fear of
being wrong.

필사하기

To live a creative life, you must lose your fear of being wrong.

패턴 24 — You must have + P.P.
너는 ~했었음에 틀림없다

You must have imagined it.
넌 그걸 상상했던 게 틀림없어.

You must have thought I was such an idiot.
넌 나를 그런 멍청한 놈이라고 생각했던 게 틀림없어.

You must have mistaken me for someone else.
틀림없이 저를 다른 사람으로 착각하셨네요.

You must have had a terrible time.
정말 얼마나 힘들었니.

You must have seen him.
넌 예전에 그 사람을 만난 게 틀림없어.

 실전 회화

A I want to live a creative life.
   난 창의적인 삶을 살고 싶어.

B You know what? You must be bold in order to live creatively.
   그거 알아? 창의적인 삶을 살기 위해서는 과감해야 돼.

A I'm listening.
   계속해봐.

B To live a creative life, (   )
   창의적인 삶을 살기 위해서는, 실패의 두려움에서 벗어나야 한다고.

오늘의 꿈이
당신의 미래를 만든다

Your dreams of today will create your future.

today's message

You don't have dreams?

Are you sure you don't have any dreams?

Then you don't have a future.

Your dreams of today will create your future.

Have dreams.

They don't have to be big.

Even small dreams create your own future.

Your dreams of today will create your future.

---

create 창조하다, 만들어내다 | **future** (한 개인의) 미래

긍정의 한 줄
―――――――――――――――――

Your dreams of today will create your future.

Your dreams of today will create your future.

패턴 25

Are you sure ~?
너 ~이 분명해?, 너 ~이 확실해?

Are you sure you want to do this?
너 이걸 하고 싶은 게 분명해?

Are you sure you don't want tea or coffee?
차도 커피도 마시지 않겠다고?

Are you sure you have nothing to do with this?
네가 이 일과 아무런 관련이 없는 게 분명해?

Are you sure we should be doing this?
우리가 정말 이 일을 해야 돼?

Are you sure we're going the right way?
우리 지금 제대로 가고 있는 거 확실해?

💬 실전 회화

A What is your dream?
   네 꿈은 뭐야?

B Dream? I have no dream.
   꿈? 난 꿈이 없어.

A What? (   )
   뭐? 꿈이 정말 없어?

B So what?
   그게 뭐?

A So what? Your dreams of today will create your future.
   그게 뭐 어떠냐? 오늘의 꿈이 네 미래를 만든다고.

6 week

지금, 행복하라

Day 26

모든 시간은 이어져 있다;
과거, 현재, 그리고 미래

All times are connected; past, present and future.

Aren't you wasting your time?
시간을 낭비하고 있진 않나요?

Time is so precious.
시간은 정말 소중해요.

Present turns into past in no time.
현재가 지나면 바로 과거가 되지요.

Future is just ahead of you.
바로 눈앞에 미래가 있어요.

In other words past, present and future are closely connected.
결국 과거와 현재, 미래는 가깝게 이어져 있지요.

You may understand how precious the present is!
현재가 얼마나 소중한 지를 알 수 있을 거예요.

Don't waste your present.
현재를 헛되이 보내지 마세요.

---

connected 연결된, 관계된 **precious** 소중한 **turn into** (바뀌어서) ~이 되다 **in no time** 곧 **in other words** 달리 말해서 **closely** 단단히, 꽉

긍정의 한 줄

All times are connected;
past, present and future.

All times are connected; past, present and future.

패턴 26 ahead of (공간·시간상으로) ~의 앞에

We put business ahead of everything.
우리는 무엇보다도 일을 가장 우선시 해.

He's a year ahead of me.
그는 나보다 1년 위야.

He is smart with a good future ahead of him.
그는 똑똑한 데다 그의 앞에는 멋진 미래가 펼쳐져 있어.

From somewhere ahead of us a whistle screeched.
우리 앞에 어디에선가 호각 소리가 들렸어.　　　　　• **screech** (날카로운) 소리를 내다

We face huge tasks ahead of us.
우리는 엄청난 일들을 직면하고 있어.

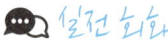

A　You're wasting your time.
　　넌 시간 낭비하고 있어.

B　No, I'm NOT. Playing computer games is not a waste of time.
　　아니야. 컴퓨터 게임은 시간 낭비가 아니라고.

A　Then what is it?
　　그러면 뭐야?

B　It's my favorite pastime.
　　내가 좋아하는 취미지.

A　Listen to me. Don't waste your present.
　　내 말 들어봐. 현재를 헛되이 보내지 마.
　　(　　　　　　　　　　　　　　　　　　　　　　　　　　　)
　　과거와 현재, 미래는 가깝게 이어져 있다고.

178

필사하기

Day 27

행복하고 싶다면
과거를 잊어라

If you want to be happy, give up the past.

How are things going?
요즘 어떻게 지내요?

Sometimes you may think, "Those were the days."
예전만 못하다고 생각할 때가 있죠?

However, don't just reminisce about the past.
그렇다고 과거만 회상하며 살지 말아요.

Sometimes the memories can prevent you from moving on.
때로는 과거가 당신의 삶을 지지부진하게 만들 수도 있어요.

Don't entangle yourself in the past.
과거에 얽매이지 마세요.

If you want to be happy, give up the past.
행복하고 싶다면, 과거라 잊으세요.

---

give up 포기하다 | **reminisce** 추억에 잠기다 | **past** 과거, 과거지사 | **move on** 움직이다, 넘어서다

긍정의 한 줄

If you want to be happy, give up the past.

If you want to be happy, give up the past.

prevent A from B A가 B를 못하게 막다

Nothing would prevent me from doing that.
그 무엇도 내가 그 일을 하는 것을 막지 못할 거야.

I couldn't prevent them from coming.
나는 그들이 오는 것을 막을 수가 없었어.

His knee injury prevented him from becoming a professional athlete.
그는 무릎 부상 때문에 전문 육상선수가 되지 못했어.

We have to prevent this from happening.
우리가 이 일이 일어나지 않게 막아야 돼.

Prevent her from connecting with anyone.
그녀가 누구와도 연락 못하게 해.

A Those were the days.
   옛날이 참 좋았는데.

B You're at it again.
   또 그런다.

A I'd like to go back to the past.
   과거로 돌아가고 싶어.

B Listen. (   )
   잘 들어. 행복하고 싶다면 과거를 잊으라고.

Day 28

용서가 과거를 바꾸진 않는다, 그러나 미래는 확장시킨다

Forgiveness does not change the past,
but it does enlarge the future.

You still don't forgive him.
이전히 그를 용서하지 못하네요.

Forgiveness doesn't make any difference?
용서해서 달라지는 건 아무것도 없다고요?

No, forgiveness does not change the past.
그래요, 용서가 과거를 바꾸진 않죠.

However, forgiveness enlarges the future.
하지만, 용서는 미래를 확장시키죠.

The moment forgiveness swings your closed mind open, your door to the future is wide open.
용서가 당신의 닫힌 마음을 열어젖히는 순간, 미래의 문이 활짝 열리지요.

Forgiveness does not change the past, but it does enlarge the future.
용서가 과거를 바꾸지는 못하지만, 미래는 확장시킵니다.

---

enlarge (범위나 크기를) 확장시키다, 넓히다 | make difference 변화를 주다, 다르게 만들다 | swing open 활짝 열어젖히다 | wide open 활짝 열린 상태인

긍정의 한 줄

Forgiveness does not change the past, but it does enlarge the future.

필사하기

Forgiveness does not change the past, but it does enlarge the future.

패턴 28 difference 차이, 영향

She won't be able to tell the difference.
그녀는 차이를 구별할 수 없을 거야.

It makes no difference.
그래 봐야 달라지는 건 하나도 없어.

The difference in price is six dollars.
가격 차이는 6달러야.

The difference was almost impossible to detect.
그 차이를 알아내는 건 거의 불가능해.
• **detect** 발견하다, 알아내다

It is hard to get over the time difference.
시차 극복은 정말 힘들어.

 실전 회화

A I don't think I can forgive him.
　　그를 용서하지 못하겠어.

B But the accident happened last year.
　　하지만 그 사고는 작년에 있었던 거잖아.

A I still can't forgive him.
　　그래도 여전히 용서할 수 없어.

B I think you'd better forgive him and get out of the past.
　　네가 그를 용서하고 과거에서 벗어났으면 좋겠어.

A Forgiveness doesn't change the past.
　　용서가 과거를 바꾸진 않잖아.

B I know, (　　　　　　　　　　　　　　　　)
　　알아, 하지만 용서는 미래를 확장시키지.

Day 29

인생은 길이가 아니라
깊이로 평가된다

Life is not measured by its length, but by its depth.

Have you thought about living longer?

However, just living longer may not make you happier.

The length of life doesn't measure your life.

A meaningful and profound life you live is more important.

The depth of life can't be found in a selfish life.

With depth, not length, live your meaningful life.

---

measure 측정하다, 평가하다　**length** 길이　**depth** 깊이　**meaningful** 의미 있는　**profound** 심오한, 깊이 있는
selfish 이기적인

긍정의 한줄

Life is not measured by its length, but by its depth.

Life is not measured by its length, but by its depth.

Have you~?
너는 ~해본 적이 있니?, 너는 ~했니?

Have you heard from him lately?
너 요즘 그에게 소식 들었어?

Have you talked to anyone about that?
너 그것에 대해 누구와 이야기한 적 있어?

Have you noticed how small it is?
너 그게 얼마나 작은지 봤어?

Have you ever seen that picture?
너 그 사진 본 적 있어?

Have you seen all your family?
너 가족들은 모두 만나봤어?

실전 회화

A Life expectancy is increasing. Do you want to live longer?
평균수명이 점점 늘어나고 있어. 넌 더 오래 살고 싶어?

B Yes, but just living longer doesn't make people happier, I think.
응. 하지만 단지 오래 산다고 더 행복한 건 아니라고 생각해.

A You can say that again.
맞는 말이야.

B The length of life doesn't measure your life.
삶의 길이가 네 삶을 평가하지는 않지.

A Couldn't agree with you more.
(   )
정말 옳은 말이야. 인생은 길이가 아니라 깊이로 평가돼.

가진 것에 만족하라

Be happy with what you have.

It's hard to be satisfied.

You keep wanting something else.

Sometimes it can be annoying.

Why don't you try to feel happy with what you have?

When you're happy with what you have, what you want is an extra bonus to you.

Be happy with what you have. Be excited about what you want.

---

be satisfied 만족하다 | **something else** 뭔가 다른 것 | **annoying** 짜증스러운, 성가신 | **Why don't you ~?** (제안) ~하는 게 어때? | **be excited about** ~에 설레다

긍정의 한 줄

Be happy with what you have.

Be happy with what you have.

happy with ~에 행복해하는, ~에 만족하는

You don't seem happy with me lately.
넌 요즘 나한테 만족하지 못하는 것 같아.

I'm happy with the way things are going.
난 요즘 돌아가는 상황에 만족해.

I'm wondering if she's happy with her husband.
그녀가 남편과 잘 지내는지 모르겠어.

I'm happy with the results.
난 그 결과에 만족해.

I'm not happy with his frequent trips.
난 그의 잦은 여행이 싫어.

💬 실전 회화

A Are you happy with what you have?
   네가 가진 것에 만족하니?

B What I have? I don't think I have enough.
   내가 가진 것? 난 충분히 가지지 못했어.

A You sound like you need something else all the time.
   말하는 걸 들으니 넌 늘 뭔가 새로운 게 필요한가 보구나.

B I think so. Am I wrong?
   그런 것 같아. 내가 잘못된 걸까?

A No, I didn't say that, but you need to (   )
   아니, 그런 의미로 말한 건 아니야. 하지만 네가 가진 것에 만족할 필요는 있어.

7 week

나는 나를 믿는다

Day 31

당신이 태어난 날, 스스로를 창조할 수 있는 힘을 받았다

The day you were born
you were given power to create yourself.

today's message

You feel lethargic these days?
요즘 왠지 무기력한가요?

You don't feel any interest in your life.
사는 게 재미없나요?

Aren't you condemning yourself to mediocrity?
평범에 안주하는 것 아닌가요?

You have power to create yourself.
당신에겐 스스로를 창조할 수 있는 힘이 있어요.

You mustn't be using that power.
그 힘을 전혀 쓰질 않는군요.

When you create yourself, your life regains its energy.
스스로를 창조할 때, 삶에 활력이 생겨요.

The day you were born you were given power to create yourself.
당신이 태어난 날, 당신은 스스로를 창조할 수 있는 힘을 받았어요.

---

create oneself 스스로를 창조하다, 새로운 사람이 되다 **lethargic** 무기력한 **condemn to** 선고하다 **mediocrity** (뛰어나지 않은) 평범함 **regain** 되찾다, 회복하다

긍정의 한 줄
___

The day you were born
you were given power to
create yourself.

필사하기

The day you were born you were given power to create yourself.

패턴 31   I feel~ ~한 기분이 들다

I feel guilty already for having awoken you.
너를 깨운 것 때문에 이미 죄책감이 들어.

I feel bad about something.
뭔가 기분이 나빠.

Showered and dressed, I feel ready to begin this adventure.
샤워를 하고 옷을 입으니, 이 모험을 시작할 준비가 된 것 같아.

I feel almost giddy with happiness.
행복감에 아찔할 정도야.

• **giddy** 어지러운, 아찔한

I feel compelled to look back on my life.
억지로라도 내 삶을 되돌아봐야 한다는 기분이 들어.

• **compel** 강요하다, 강제하다

💬 실전 회화

A   I don't feel any interest in my life.
사는 게 재미가 없어.

B   Aren't you condemning yourself to mediocrity?
현실에 안주하는 거 아니야?

A   You mean I seem satisfied with the present?
내가 현재에 만족하는 것 같다고?

B   That's right. You need to (   )
그래. 스스로를 창조할 필요가 있어.

# 필사하기

Day 32

성공의 중요한 한 가지 열쇠는 자기 확신이다
자기 확신의 중요한 열쇠는 준비다

One important key to success is self-confidence.
An important key to self-confidence is preparation.

One important key to success is self-confidence.

Self-confidence is confidence that you can do something well.

However, self-confidence doesn't grow by itself.

Self-confidence develops when you're prepared.

Self-confidence without preparation is arrogance.

An important key to self-confidence is preparation.

confidence 신뢰, 자신 | **develop** 생기다, 발달하다 | **by itself** 저절로 | **arrogance** 오만 | **be prepared** 준비되다 | **preparation** 준비

긍정의 한 줄

One important key to success is self-confidence. An important key to self-confidence is preparation.

필사하기

One important key to success is self-confidence. An important key to self-confidence is preparation.

key to ~의 열쇠

What's the key to success?
성공의 열쇠는 뭘까?

It will be a key to creating innovative economies in the twenty-first century.
그것은 21세기 혁신 경제를 창조할 열쇠가 될 거야.

It is a key to the higher education market.
그것이 고등교육 시장의 열쇠야.

The key to future success is to not be discouraged about your past or present.
미래 성공의 열쇠는 과거나 현재에 낙담하지 않는 거야.

Forgiveness is the key to being free from resentment.
용서는 분노로부터 자유로워지는 열쇠야. ▪ resentment 분함, 억울함

A What should I do to develop self-confidence?
어떻게 해야 자신감이 생기지?

B Make yourself well-prepared.
네 스스로 잘 준비해야지.

A You mean when I'm well-prepared, my self-confidence develops?
잘 준비된 상태일 때, 자신감이 생긴다는 거야?

B That's right. (   )
맞아. 자신감의 중요한 열쇠는 준비야.

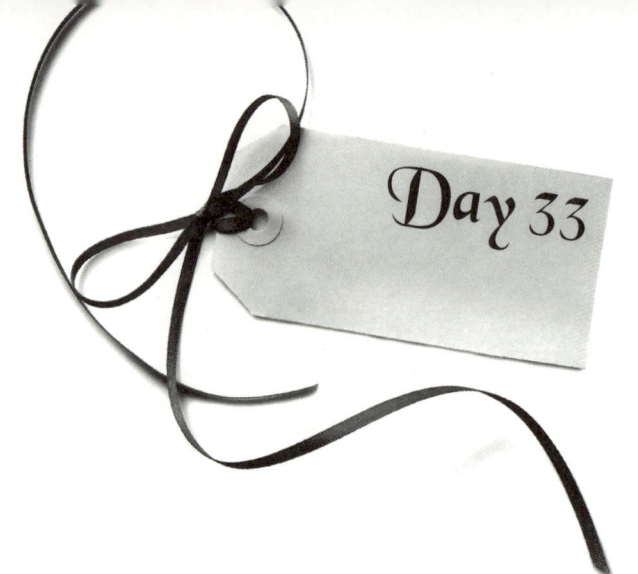

Day 33

할 수 있다고 말하는 순간,
당신 안의 창의력은
자유로워진다

When you say you can,
you free the creative powers in you.

No, I can't do that.
아니, 그건 할 수 없어요.

I'm not up to it. I can't.
그건 내가 할 수 있는 일이 아니에요. 난 못해요.

You're always like that.
항상 그런 식이지요.

You always say you can't.
늘 할 수 없다고 말하죠.

You know what?
그거 알아요?

When you say you can't, you stop the creative powers in you.
할 수 없다고 말하는 순간, 당신 안의 창의력은 멈춰요.

When you say you can, you free the creative powers in you.
할 수 있다고 말하는 순간, 당신 안의 창의력은 자유로워지죠.

---

free 자유롭게 하다 | **creative power** 창의력 | **be up to** ~할 능력이 되다 | **like that** 그런 식으로 | **stop** 멈추게 하다; 멈추다

긍정의 한 줄
———

When you say you can,
you free
the creative powers
in you.

When you say you can, you free the creative powers in you.

패턴 33 I can't~ ~을 할 수 없다

I can't afford a car.
난 차 살 돈이 없어.

I can't say any more than that.
난 그 이상은 말할 수 없어.

I can't make promises.
난 약속할 수 없어.

I can't tell you where I'll be tomorrow.
난 내일 어디에 있을지 네게 말해줄 수 없어.

I can't be with you tonight.
난 오늘 밤 너와 함께 있을 수 없어.

💬 실전 회화

A Can you do this for me? I'm sure you can handle it.
이거 내 대신 좀 해줄 수 있어? 네가 분명히 처리할 수 있는 일이야.

B Well… I don't think I can do it. It's beyond my ability.
그게… 못하겠는걸. 내 능력으로는 무리야.

A Come on. You're underestimating your ability.
왜 그래. 넌 네 능력을 과소평가하고 있어.

B Do you think so?
그렇게 생각해?

A Yes. (   )
그래. 할 수 있다고 말하는 순간, 네 안의 창의력은 자유로워진다고.

 필사하기

Day 34

할 수 있다고 생각하는 사람이 승리한다

Those who win are those who think they can.

today's message

Sometimes you can get depressed.
의기소침해질 때가 있지요.

Sometimes you don't think you can make it.
무언가를 해낼 수 없다고 생각할 때도 있고요.

Sometimes you want to stop everything you've been doing.
그동안 해오던 모든 걸 멈추고 싶기도 하지요.

Wait, don't stop your goals.
잠깐, 그렇다고 자신의 목표를 멈추지는 말아요.

Think you can make it through thick and thin.
어떠한 힘든 상황도 이겨낼 수 있다고 생각하세요.

Everybody can't be a winner.
모든 사람이 승자가 될 수는 없어요.

Those who win are those who think they can.
할 수 있다고 생각하는 사람이 승리한답니다.

---

get depressed 우울해지다, 의기소침해지다 **through thick and thin** 좋을 때나 안좋을 때나 **winner** 승자

긍정의 한 줄

Those who win are those who think they can.

Those who win are those who think they can.

Those who ~   ~하는 사람들

Those who work out stay healthy.
평소에 운동하는 사람들은 건강을 유지해.

Those who speak good English have the upper hand.
영어를 잘하는 사람이 주도권을 잡는 거야.   • **upper hand** 우세, 우위

Those who have worked with him speak highly of him.
그와 함께 일했던 사람들은 그를 굉장히 칭찬해.

Those who live in Seoul can apply for the job.
서울에 사는 사람들이 그 일에 지원할 수 있어.

Those who love music live longer.
음악을 사랑하는 사람들이 더 오래 살아.

A I want to stop everything I've been doing.
그동안 해오던 일들을 다 그만두고 싶어.

B Come on. I think you've been doing well.
무슨 소리야. 그동안 잘해왔잖아.

A No, no. I don't think I can make it.
아니, 아니야. 제대로 해내지 못할 것 같아.

B Don't say that. You can make it through thick and thin.
그런 소리 마. 넌 아무리 힘들어도 이겨낼 수 있어.

A But…
하지만…

B Don't say buts. (   )
하지만이라고 말하지 마. 할 수 있다고 생각하는 사람이 승리한다고.

Day 35

실패는 다시 배울 수 있는 기회다

Failure is an opportunity to learn again.

today's message

You want to work for yourself.
동업하고 싶다고요.

That's a good idea.
좋은 생각이에요.

Challenge is there to be taken.
도전은 하라고 있는 거니까요.

However, you're afraid of failure.
하지만, 실패할까 봐 걱정이네요.

When the thought of failure keeps you from taking any chance, challenges do not exist.
실패가 두려워 도전을 못하면, 도전 자체가 존재할 수 없죠.

Don't be afraid of failure.
실패를 두려워 말아요.

Failure is an opportunity to learn again.
실패는 다시 배울 수 있는 기회예요.

---

work for oneself 자신의 사업을 하다 | **take challenge** 도전하다 | **failure** 실패 | **keep A from B** A가 B하지 못하게 하다 | **take a chance** (모험삼아) 해보다 | **exist** 존재하다

긍정의 한 줄

Failure is an opportunity to learn again.

Failure is an opportunity to learn again.

패턴 35 · afraid of ~을 두려워하는

That's not what I'm afraid of.
난 그게 두려운 게 아니야.

There's nothing more to be afraid of.
더 이상 두려울 게 없어.

Of all the things she is afraid of, this is probably number one.
그녀가 두려워하는 모든 것 중에서 이게 아마 최고일 거야.

She's always been afraid of me getting hooked on drugs.
그녀는 내가 마약에 중독될까 늘 두려워했어.
• **hooked on** ~에 중독되어 있는

I'm afraid of discussing it with him.
난 그 문제를 그와 상의하는 게 두려워.

 실전 회화

A I'm going to work for myself.
직접 회사를 한번 차려보려고.

B Sounds good.
좋지.

A But I'm afraid of failure.
하지만 실패할까 두려워.

B Don't be afraid of failure. (　　　　　)
실패를 두려워 마. 실패는 다시 배울 수 있는 기회야.

8week

준비된 행운

성공은
산더미같이 쌓인 실수 위에 있다

Success sits on a mountain of mistakes.

Mistakes can't be a pride.
실수가 자랑은 아니죠.

But they don't have to make you depressed either.
하지만, 그렇게 가슴을 앓을 필요도 없어요.

Don't be afraid of making mistakes.
실수하는 걸 두려워하지 말아요.

Mistakes teach success.
실수는 성공을 가르쳐줍니다.

Mistakes get you closer to success.
실수할수록 성공에 한걸음 가까워지죠.

Don't let yourself get depressed.
좌절하지 마세요.

Success sits on a mountain of mistakes.
성공은 산더미같이 쌓인 실수 위에 있어요.

---

pride 자랑, 자랑거리 | **depressed** 우울한 | **get someone closer to** ~에 더 가깝게 해주다

긍정의 한 줄

Success sits on a mountain of mistakes.

 필사하기

Success sits on a mountain of mistakes.

패턴 36 don't have to 반드시 ~할 필요는 없다

You don't have to go to that.
거기에 꼭 갈 필요는 없어.

You don't have to stay long.
오래 머물 필요는 없어.

You don't have to do that.
그럴 필요 없어.

I don't have to go to work.
난 출근할 필요 없어.

We don't have to worry about that part yet.
우리 아직 그 부분은 걱정할 필요 없어.

실전 회화

A I made a mistake again. I don't think I can make it.
    나 또 실수했어. 난 그거 못할 것 같아.

B Come on. Mistakes teach success.
    왜 이래. 실수가 성공을 가르치는 거야.

A Excuse me?
    뭐라고?

B Mistakes get you closer to success. (   )
    실수들이 성공에 가깝게 해준다고. 성공은 산더미같이 쌓인 실수 위에 있어.

기회는 항상 다가온다
문을 열고 기회를 맞이하라

Opportunity is always coming.
Open the door and meet opportunity.

Does opportunity bother to come to me?

No, I don't think so.

Come on, you should change your mind.

Opportunity is always coming. To anybody.

But it never knocks on the door.

When you just sit and wait for opportunity to come, you can never get it.

Get yourself prepared and get up.

Open the door and meet opportunity.

get up 일어서다 **bother** 신경 쓰다, 애쓰다 **change one's mind** ~의 생각을 바꾸다 **get oneself prepared** ~를 준비시키다 **meet** 맞이하다

긍정의 한 줄

Opportunity is
always coming.
Open the door
and meet opportunity.

Opportunity is always coming. Open the door and meet opportunity.

패턴 37 You have to~ 넌 ~해야 한다

You have to go home just now.
넌 지금 바로 집에 가야 해.

You have to start your life again.
넌 네 인생을 다시 한번 시작해야 해.

You have to tell me why me.
넌 왜 그게 나인지 말해줘야 돼.

You have to stay with me.
넌 나하고 함께 있어야 돼.

You have to believe in me.
넌 나를 믿어야 돼.

💬

A Opportunity can come to you.
   네게도 기회는 올 거야.

B No, I don't think so. It never comes to me.
   아니, 난 그렇게 생각 안 해. 절대 나한테는 안 와.

A (   ) But it never knocks on the door.
   기회는 항상 누구에게나 와. 하지만 절대 문을 두드리지는 않지.

B Then what should I do?
   그러면 내가 어떻게 해야 되는데?

A You should get yourself prepared and get up. Open the door and meet opportunity.
   준비하고 일어나야 해. 문을 열고 기회를 맞이하라구.

Day 38

명성은 증기고 인기는 우연이다
지속적인 건 단 하나뿐, 품성이다

Fame is vapor, popularity is an accident.
Only one thing endures. And that is character.

Don't admire fame.

Fame is vapor.

Popularity is not planned or intended.

Popularity is an accident.

Then what endures?

Only one thing endures.

And that is character.

fame 명성 | vapor 증기, 수증기 | popularity 인기 | accident 우연, 사고 | admire 흠모하다, 존경하다 | intended 의도된 | character 성격, 품성

긍정의 한 줄

Fame is vapor, popularity is an accident.
Only one thing endures.
And that is character.

Fame is vapor, popularity is an accident. Only one thing endures. And that is character.

패턴 38 endure 지속되다; 견디다, 인내하다

Our love and respect has endured and grown.
우리의 사랑과 존경은 지속되었고 더욱 커졌어.

I couldn't endure such pain.
난 그런 통증은 견딜 수 없었어.

Their friendship endured over many years.
그들의 우정은 여러 해 동안 지속되었어.

I can't endure being apart from you.
난 당신과 떨어져 지내는 건 견딜 수 없어.

There is no way they will endure two weeks of trial.
그들은 2주 간의 재판을 견딜 방법이 없어. * trail 재판, 공판

💬 실전 회화

A I'd like to win fame and popularity.
　명성과 인기를 얻고 싶어.

B Nobody would refuse them.
　그걸 거부하는 사람은 없지.

A But I don't think you're interested in them.
　하지만 넌 그런 것들에 별 관심이 없는 것 같아.

B No, I'm not.
　응. 없어.

A Why not?
　왜?

B (　　　　　　　　　　　　　　　　　　　　　　　)
　명성은 증기야, 인기는 우연이고.

상처 입기를 두려워 말라

Don't be afraid of being hurt.

Taking chances is intimidating.
모험을 하는 건 두려워요.

However, without taking chances you don't understand life.
하지만, 모험을 하지 않으면 인생을 이해할 수 없어요.

Don't be afraid of being scared.
겁먹는 걸 두려워하지 마세요.

Don't be afraid of being embarrassed.
창피함을 두려워하지 마세요.

Don't be afraid of being hurt.
상처 입기를 두려워하지 마세요.

If you've never been scared or embarrassed or hurt,
두렵거나 창피하거나 상처를 입은 경험이 없다면,

it means you've never taken any chances.
당신은 전혀 모험을 하지 않는다는 의미에요.

---

take chances 모험을 하다 | intimidating 겁나는; 겁을 주는 | scave 겁주다 | embarrass 당황스럽게 하다

긍정의 한 줄
───────────────────

If you've never been scared or embarrassed or hurt, it means you've never taken any chances.

If you've never been scared or embarrassed or hurt, it means you've never taken any chances.

It means ~ 그것이 의미하는 바는 ~이다

It means something bad happened to him.
그건 그에게 뭔가 나쁜 일이 생겼다는 걸 의미해.

It means that I'm moving soon.
내가 곧 이사할 거라는 의미야.

It means that I don't love her.
내가 그녀를 사랑하지 않는다는 의미야.

It means my income will only be eighty dollars a week.
내 수입이 1주일에 단지 80달러밖에 되지 않을 거라는 의미야.

It means I'm sick and tired of him.
내가 그에게 질렸다는 의미야.

 실전 회화

A Why don't you try it?
   그거 한 번 해보지 그래?

B I'm scared.
   두려워.

A Of what?
   뭐가?

B Of failing.
   실패할까봐.

A Come on. (   )
   이것 봐. 상처 입기를 두려워 마.

Day 40

하고 있는 일을 즐기면
성공할 수 있다

Enjoying what we are doing leads to success.

You must have a hard time in your work.
하고 있는 일이 힘들죠.

You enjoy your work, though.
그래도 일을 즐기네요.

When your work gives you a hard time without any happiness, it must be a torture.
즐거움 없이 일이 힘들기만 하다면, 그건 정말 고통이죠.

We should find work that is enjoyable.
즐길 수 있는 일을 찾아야 해요.

That's when we think productively and creatively.
그때야 생산적이고 창의적인 생각을 하게 되죠.

Being creative leads to success.
창의적이어야 성공할 수 있어요.

People rarely succeed unless they enjoy what they are doing.
하고 있는 일을 즐기지 못하면 성공할 가능성은 희박해요.

---

have a hard time 힘든 시간을 보내다, 고생하다 | **torture** 고문, 고통 | **productively** 생산적으로 | **creatively** 창의적으로 | **rarely** 거의 ~이 아닌, 드물게 | **unless** ~이 아니라면

긍정의 한 줄

Enjoying what we are doing leads to success.

Enjoying what we are doing leads to success.

패턴 40   lead to ~로 이끌다

The unfamiliar street leads to another and another.
낯선 길을 따라가니 또 다른 낯선 길들로 이어지더군.

The glass doors lead to the terrace.
그 유리문들을 따라가면 테라스가 나와.

This will lead to the biggest corporate merger.
이건 결국 유례없는 대형 기업합병에 이르게 될 거야.

One call could lead to his bankruptcy.
전화 한 통이면 그는 파산할 수도 있어.

The case could lead to a handsome fee.
그 사건을 맡으면 많은 수임료를 받을 수 있어.   • **handsome** 멋진, (양적으로) 많은

A   How's your new job?
새로운 일은 어때?

B   I'm having a hard time, but I like it.
힘들긴 한데, 마음에 들어.

A   You sound like (   )
일을 즐기는 것 같네.

B   Yes, I do. I'm happy with my job.
응, 맞아. 일이 만족스러워.

A   Happy to hear that. When your work is enjoyable, you can think productively and creatively.
그 말을 들으니 좋다. 일이 즐거워야 생산적이고 창의적인 생각을 할 수 있으니까.

Positive Quotations
40 days

실전 회화 정답

1 week

- Day 1 It doesn't matter how slow you go as long as you don't stop.
- Day 2 To get out of difficulty, you must go through it.
- Day 3 You can do anything.
- Day 4 Love like you've never been hurt.
- Day 5 You're on the right track.

2 week

- Day 6 The cure for boredom is curiosity.
- Day 7 When I do good, I feel good.
- Day 8 it's insane to do the same thing over and over again
- Day 9 there is only one success.
- Day 10 Just let it go.

3 week

- Day 11 Healing comes from taking responsibility.
- Day 12 You should be a good listener if you want to be popular.
- Day 13 The biggest communication problem is not to listen to understand.
- Day 14 Confidence is contagious.
- Day 15 you never regret being kind.

4 week

Day 16   In the middle of every difficulty lies opportunity.
Day 17   Giving up is what makes it permanent.
Day 18   You can do anything you want as long as you stick to it long enough.
Day 19   We are refined like gold with every adversity endured.
Day 20   With patient persistence, you will conquer any situation.

5 week

Day 21   the tragedy of life lies in having no goals to reach.
Day 22   If you want something you've never had, then you've got to do something you've never done.
Day 23   you have lots of ideas,
Day 24   you must lose your fear of being wrong.
Day 25   Are you sure you have no dream?

6 week

Day 26   Past, present and future are closely connected.
Day 27   If you want to be happy, give up the past.
Day 28   but it enlarges your future.
Day 29   Life is not measured by its length, but by its depth.
Day 30   be happy with what you have.

 *7week*

Day 31 create yourself.
Day 32 An important key to self-confidence is preparation.
Day 33 When you say you can, you free the creative powers in you.
Day 34 Those who win are those who think they can.
Day 35 Failure is an opportunity to learn again.

 *8week*

Day 36 Success sits on a mountain of mistakes.
Day 37 Opportunity is always coming to anybody.
Day 38 Fame is vapor, popularity is an accident.
Day 39 Don't be afraid of being hurt.
Day 40 you enjoy your job.

하루 10분 영어 필사 긍정의 한 줄

1판 1쇄 발행 2016년 9월 10일
1판 9쇄 발행 2024년 3월 12일

지은이 오석태
발행인 유성권
펴낸곳 ㈜이퍼블릭

출판등록 1970년 7월 28일, 제1-170호
주소 서울시 양천구 목동서로 211 범문빌딩 (07995)
대표전화 02-2653-5131 | **팩시밀리** 02-2653-2455
www.loginbook.com

- 이 책은 저작권법에 따라 보호받는 저작물이므로 무단전재와 복제를 금지하며, 이 책 내용의 전부 또는 일부를 이용하려면 반드시 저작권자와 ㈜이퍼블릭의 서면 동의를 받아야 합니다.
- 잘못된 책은 구입처에서 교환해 드립니다.
- 책값과 ISBN은 뒤표지에 있습니다.

로그인은 ㈜이퍼블릭의 실용서 브랜드입니다.